*26 février 1874*

## VENTE APRÈS DÉCÈS

Les Jeudi 26, Vendredi 27 et Samedi 28 Février 1874

HOTEL DROUOT, SALLE N° 2

# RICHE MOBILIER

## OBJETS D'ART

## PORCELAINES, BRONZES, ARGENTERIE

EXPOSITION PUBLIQUE : le Mercredi 25 Février 1874

Mᵉ Paul NAVOIT
COMMISSAIRE-PRISEUR
Rue Ventadour, n° 5.

MM. DHIOS et GEORGE
EXPERTS
Rue Le Peletier, n° 33.

PARIS — 1874

EXEMPLAIRE DE DHIOS

hanap — 2ᴷ745ᵉ ——
grand Vase 5ᴷᵒ⁷. fort —
2 Candilab.    6ᴷ370
               4  200   } 10ᴷ570
              10ᴷ570

Vᵉ **RENOU, MAULDE et COCK**
IMPRIMEURS DE LA COMPAGNIE DES COMMISSAIRES-PRISEURS
Rue de Rivoli, 144.

# CATALOGUE

D'UN

# RICHE MOBILIER

Beaux Ameublements de Salons

Chambres à coucher, Salle à manger, Pianos de Paye,

Meubles d'art, Tentures, Rideaux, etc.

## BRONZES

Grand Cartel rocaille, Pendule et Appliques Louis XVI, Garnitures Louis XIV et autres,
Groupes, Flambeaux, Candélabres et Lustres, Chenets, etc.

## ARGENTERIE, ORFÉVRERIE

PORCELAINES DE CHINE, DE JAPON ET DE SAXE

GRANDES PIÉCES MONTÉES EN BRONZE

Beau Service à dessert en Sèvres, Poterie et Verrerie antiques

## CURIOSITÉS DIVERSES

Tapis, Tapisseries, Étoffes

DONT LA VENTE AURA LIEU

APRÈS DÉCÉS DE M.  ·  ·

# HOTEL DROUOT, SALLE N° 2

Les Jeudi 26, Vendredi 27 et Samedi 28 F.

A UNE HEURE ET DEMIE P.

Par le ministère de Me **NAVOIT**, C
rue Ventadour, 5,

Assisté de MM. **DHIOS** et **GEORGE**, Exp

, EXPOSITION PUBLI

Le Mercredi 25 Février 1874, de 1 h

# PARIS — 1874

D 5472

# CONDITIONS DE LA VENTE

Elle sera faite au comptant.

Les Adjudicataires paieront CINQ CENTIMES PAR FRANC, en sus du prix d'adjudication.

# ORDRE DES VACATIONS

---

**Le Jeudi 26 Février 1874**

Les Faïences, Cristaux, Porcelaines, Curiosités, Objets d'art, et le commencement des Bronzes.

**Le Vendredi 27 Février 1874**

Continuation des Bronzes, Argenterie et Orfévrerie, Tentures, Tapis, Pianos, et le commencement des Meubles.

**Le Samedi 28 Février 1874**

Continuation des Meubles.

Copie du Bordereau

2 vases faïence ......... 20
9 pièces peintes ______ 16
2 écuelles, Sans chou __ 66
1 petit Cartel Boulle 61

# DÉSIGNATION

## MEUBLES

Meuble-Cabinet annamite en bois dur, incrusté de nacre gravée.

Cabinet en laque du Japon, avec écoinçons en cuivre gravé.

Divers Objets en laque, Coffrets, etc.

Cabinet italien, incrusté d'ivoire gravé, à porte et tiroirs.

Grand Coffre en marqueterie de bois et d'ivoire, à arabesques et ornements variés.

Très-beau Bureau, à cylindre, en acajou, garni d'ornements en bronze doré.

Meuble-Vitrine, à deux corps, en acajou, garni de filets de cuivre uni.

Piano à queue en palissandre, de Pleyel.

Piano droit en palissandre, de Pleyel.

Billard en palissandre.

Deux jolies Consoles cintrées en bois sculpté et doré, style Louis XVI; dessus en marbre blanc.

Deux autres Consoles en bois sculpté et doré.

Table, de même style, couverte en drap rouge.

Table à jeu en acajou et filets de cuivre.

Une autre.

Tabourets algériens en marqueterie de nacre et d'écaille.

Meuble hollandais, Buffet-Étagère, à colonnes torses, en bois marqueté.

Bureau plat en bois noir et bronze, style **Louis XV.**

Un Chevalet à pivot en bois noir.

Chevalet à crémaillère en bois noir.

**Meuble de salon** en bois doré, style Louis XVI, recouvert en tapisserie d'Aubusson à fleurs; un Canapé, quatre Fauteuils et quatre Chaises.

Trois Bonnes-Grâces en tapisserie d'Aubusson, avec galeries en bois doré.

Six Rideaux en soie cerise.

Deux Fauteuils confortables en satin cerise capitonné.

Chaises volantes en bois doré, style Louis XVI, couvertes en soie blanche brochée et en satin noir, avec broderies.

Tabouret de piano, même style.

**Ameublement de chambre à coucher** : lit en bois laqué blanc à filets or, garni en satin violet capitonné, avec ciel de lit et rideaux en lampas de Lyon, doublé de soie violette, — un secrétaire en laqué blanc à filets or et violet, — une grande toilette-duchesse, avec glace à biseau et tablettes en marbre blanc, — armoire à glace, avec tiroirs de chaque côté, — deux tables de nuit, à étagère, en marbre blanc.

Une Glace-Psyché en bois laqué blanc, à filets or; garnie d'appliques en bronze.

Six Rideaux de fenêtres en lampas de Lyon, avec lambrequins, embrasses, galeries dorées, etc.

Tenture de chambre en satin violet.

Une Chaise longue et quatre Fauteuils en satin violet capitonné.

Un Fauteuil-Crapaud en bois doré, couvert en satin broché à fleurs.

Quatre Chaises en bois doré, couvertes en satin broché.

Table-Guéridon en bois doré, couverte en drap rouge.

Un Canapé, deux Fauteuils et quatre Chaises en bois laqué blanc, couverts en soie de Lyon.

Table carrée en laqué blanc.

Chauffeuse en soierie de Lyon capitonnée.

Deux grands Rideaux de croisée, avec lambrequins à pentes et deux portières en étoffe de soie brochée, avec galerie, embrasses et patères.

**Ameublement de chambre à coucher** en velours bleu: lit, grand divan, deux fauteuils, une chauffeuse et deux chaises.

Quatre Rideaux de croisée, avec lambrequins, doublés en soie.

Deux Bibliothèques, à portes vitrées, en bois noir. — Un Bureau à glaces et portes vitrées. — Deux Tables de nuit.

**Bel Ameublement de salle à manger** en bois noir : table à cinq rallonges, dressoir, grand buffet à deux corps et à portes vitrées, console, seize chaises couvertes en maroquin rouge.

Écran en bois noir, avec glace biseautée.

Gaîne en bois sculpté, à guirlandes et mascarons.

Quatre Rideaux en drap rouge soutaché, avec broderies, lambrequins, embrasses, etc.

--------

Beaux Rideaux de vitrage et Stores en mousseline brodée.

--------

Divans couverts en reps, à dessins jaunes.

Coussins recouverts en étoffes orientales.

**Mobilier d'antichambre :** banquettes d'encoignure en chêne, grand porte-parapluies en chêne, avec glace, table, fauteuil et chaises, garnis en drap rouge.

Grands Rideaux en drap rouge. Chemins d'escalier.

# BRONZES D'ART ET D'AMEUBLEMENT

Très-grand Cartel rocaille en bronze ciselé et doré.

Pendule Louis XVI en bronze doré : Vénus sur son char et l'Amour; socle en marbre blanc, orné de bas-reliefs d'enfants.

Deux Cassolettes, sur trépied, en bronze doré et marbre blanc, style Louis XVI.

Pendule, style Louis XIV, en marqueterie de cuivre sur écaille et ornements d'appliques en bronze.

Petite Pendule religieuse et sa console d'applique.

Petite Pendule de voyage, avec plaques en porcelaine décorée; monture en bronze doré; cadran au nom de Henri Capt.

Lustre, à huit lumières, en bronze doré, genre Boule.

Garniture de cheminée : pendule à figure de guerrier assis et deux candélabres à dix lumières en bronze argenté et doré, sur socle en marbre griotte.

Garniture de cheminée : pendule, flambeaux et deux vases en marbre blanc et cuivre doré.

Belle Garniture : pendule et candélabres à six lumières en bronze ciselé et doré, style Louis XIV.

Paire d'Appliques Louis XVI. à trois lumières, en bronze ciselé et doré.

Deux Groupes en bronze, patine noire, sur socles en bronze doré.

Deux Flambeaux-Candélabres. à trois lumières, en bronze doré. style Louis XIV.

Pendule en bronze doré, style Louis XIV.

Chenets, même style.

Plusieurs Lustres garnis de cristaux.

Grand Lustre flamand en cuivre, à seize lumières.

Galeries de foyer en bronze doré.

Deux petits Bustes de femmes, par Clésinger, en bronze argenté, sur socles en marbre bleu turquin.

Coffre en bronze artistique. garni de plaques en pierres de couleurs et surmonté d'une figure de cavalier.

Deux Flambeaux, à deux lumières, en bronze artistique.

Coupes en bronze, ornées de bas-reliefs; Aiguières, Flambeaux, etc.

Chenets, modèle à vase et muffles de lion.

Chenets en bronze doré. style Louis XVI.

Chenets en bronze; beau modèle à sphinx. style Louis XIV.

Deux Lampadaires en bronze oxydé et doré, style grec.

Grande Suspension, formant lustre, à vingt-quatre lumières, en bronze doré.

Candélabres, à cinq lumières à gaz, en fonte, sur socles en marbre griotte.

Lampadaires, style grec, sur socles en marbre griotte.

Lanternes et Lustres d'escalier en cuivre.

---

# TAPISSERIES, TAPIS

Plusieurs beaux Tapis d'Aubusson.

Tapis de Smyrne.

Nombreux Tapis de style persan.

Quatre Panneaux en ancienne tapisserie; sujets à personnages.

Une Bonne-Grâce; sujets à personnages.

Deux grandes Portières en ancienne tapisserie.

Grand Baldaquin en tapisserie rapportée sur fond de velours.

Carpettes, Chemins.

# ARGENTERIE, ORFÉVRERIE

Grand Vase (hanap), en argent en partie doré, orné d'un bas-relief d'enfants. Travail anglais.

Deux Candélabres en argent, à dix lumières; branches de vigne et à figurines d'enfants.

Grand Hanap orné d'un bas-relief : Bacchanale.

Aiguière en cristal gravé, avec monture en argent doré.

Très-grand Vase à anses et couvercle en argent repoussé, ciselé et en partie doré. Travail anglais.

Plateau en argent repoussé.

Une paire de Flambeaux Louis XIV en argent gravé.

Une autre semblable.

**Service à déjeuner**, composé de six pièces.

**Service à bière**, composé de : un grand Plateau en vermeil, une canette et six chopes en cristal gravé, montées en vermeil.

**Service de table**, à ornements et chiffre :
Couverts grands et petits.
Cuillères à sauce et compotes.
Fourchettes à huîtres.

Cuillères à œufs.

Pince à asperges.

Service à découper.

Manche à gigot.

Pièces hors-d'œuvre.

Truelle et Fourchette à poisson.

Couteaux, manches en argent et lames en acier et
argent, etc.

**Service à dessert** en vermeil :

Couverts, Cuillères à fruits.

Cuillères et Pinces à sucre.

Cuillères à thé et à compotes.

Truelles et Ciseaux à fruits.

Couteaux, manches et lames en vermeil.

**Deux Plateaux** en argent, avec bordure ciselée à jour.

---

# PORCELAINES, FAIENCES

### PIÈCES MONTÉES EN BRONZE

Deux grands Bols à couvercles en porcelaine du Japon,
avec belle monture en bronze doré, style Louis XIV.

Deux très-beaux Vases en céladon bleu, avec monture
formant aiguière en bronze ciselé et doré.

Deux très-grands Vases en porcelaine de Chine moderne,
à col plissé ; riche décor.

Grosse Potiche en ancienne porcelaine de Chine, fond bleu de Perse, rehaussé d'or.

Deux Vases-Potiches en Chine, avec monture en bronze doré, style Louis XIV.

Deux grands Bols en Chine, gros bleu, à rehauts d'or.

Grande Glacière en porcelaine, genre Saxe, montée en bronze.

Grands Vases-Jardinières, faïence moderne, gros bleu.

**Service à dessert** en porcelaine de Sèvres, décorée de pastorales, genre Boucher, et de médaillons à fleurs, fond bleu turquoise, provenant du château de Fontainebleau. Environ 250 pièces : surtout, guéridons, etc.

Garniture de toilette en porcelaine décorée, à bordure violette et or, 25 pièces.

**Porcelaines** de Chine, du Japon, de l'Inde, de Saxe et d'Allemagne : potiches, guéridons, vases, grand nombre de plats de toutes dimensions, tasses et soucoupes, assiettes, quantité de pièces d'étagère, etc., etc.

**Porcelaines** modernes.

**Faïences** italiennes et hollandaises.

# OBJETS VARIÉS

**Poterie et Verrerie antiques :** Nombreuse collection de Vases de toutes dimensions, Lampes, Lacrymatoires, Fioles, Bouteilles, etc.

**Narghilés** orientaux. Argent. Cuivre émaillé, Verre taillé, Chibouks, Tuyaux, bouts d'Ambre, etc., etc.

**Objets** en laque, Plaques en émail de Chine, Carafes en Bohème gravé, Eaux-fortes et Photographies encadrées, Porte-Montre en marqueterie. Coffrets, Encriers, Objets d'étagère, Casque, Bouclier, Jambières. Gantelet et Cotte de mailles composant une armure persane. Epées de combats, Pistolets et Curiosités diverses.

**Verrerie**, Cristaux. — Services.

**Nombreuse Literie.**

**Linge** de corps et de ménage.

**Garde-Robe** d'homme.

**Meubles** courants; chambres de domestiques.

Batterie de cuisine.

**Vins** : Bourgogne, Bordeaux et Champagne, vin du Rhin, Porto, Chypre, etc.

---

**Nota.** — Le Billard, le Linge, la Garde-Robe, la Batterie de cuisine, les Meubles courants et les Vins. seront vendus le Lundi 2 Mars 1874, salle n° 11.

Ves Renou, Maulde et Cock, impr⁵ de la Compagnie des Commissaires-Priseurs, rue de Rivoli, 144.                    40056